Couverture Inférieure manquante

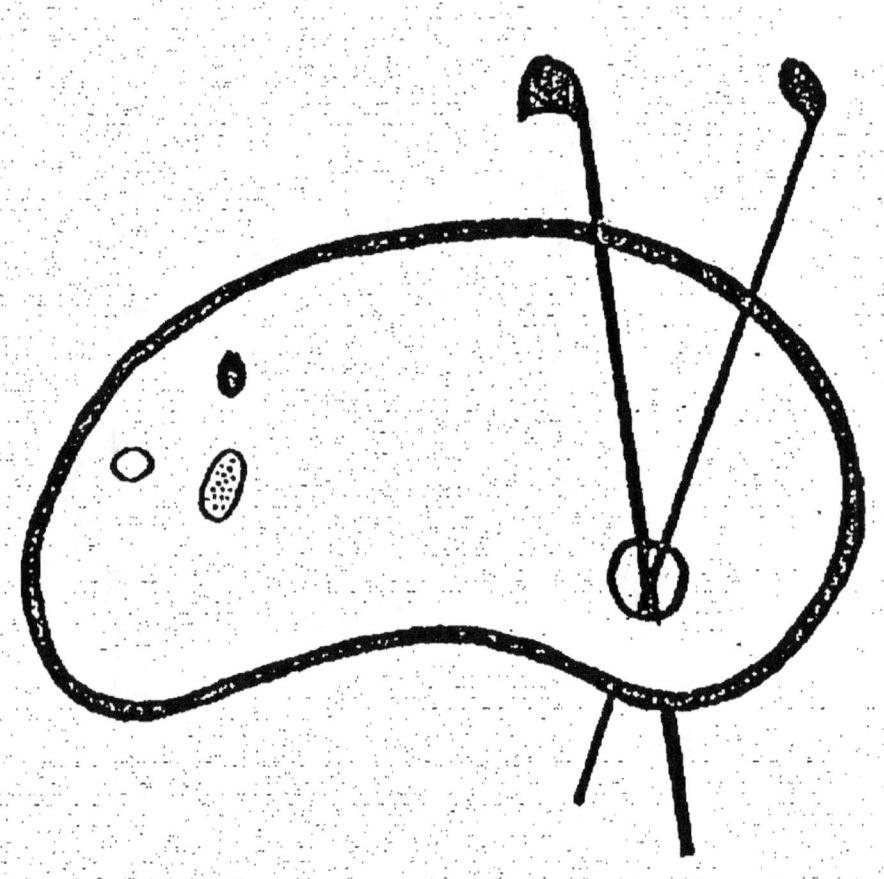

DEBUT D'UNE SERIE DE DOCUMENTS
EN COULEUR

PENSÉES

D'ARISTOPHANE, PLATON, ARISTOTE, PASCAL,
ROUSSEAU, VOLTAIRE, DANTON,
ROBESPIERRE, J. DE MAISTRE, GŒTHE, HERDER,
TOCQUEVILLE, LAMARTINE,
A. DE MUSSET, A. KARR, LORD MACAULAY,
RENAN, TAINE, RUSKIN,
AUG. COMTE, NITZSCHE, ROOSEVELT, ETC.

SUR

LA DÉMOCRATIE

ET

la Doctrine Socialiste

Réunies et Publiées

PAR

Le Cte Michel TYSZKIEWICZ

PARIS

B. CHENEVIER

34, Rue Bonaparte

1906

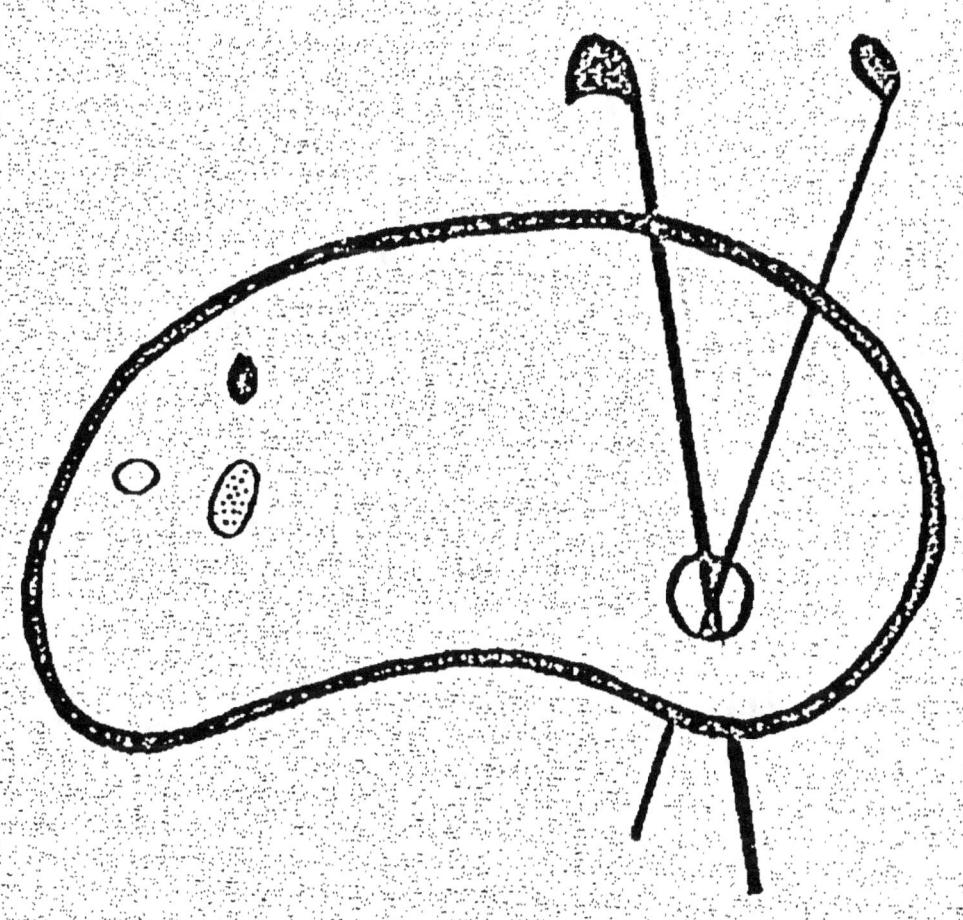

FIN D'UNE SERIE DE DOCUMENTS
EN COULEUR

PENSÉES

D'Aristophane, Platon, Aristote, Pascal,
Rousseau, Voltaire, Danton,
Robespierre, J. de Maistre, Goethe, Herder,
Tocqueville, Lamartine,
De Musset, A. Karr, Lord Macaulay,
Renan, Taine, Ruskin,
Aug. Comte, Nitzsche, Roosevelt, etc.

SUR

LA DÉMOCRATIE

ET

la Doctrine Socialiste

Réunies et Publiées

PAR

Le Cte Michel TYSZKIEWICZ

PARIS

B. CHENEVIER

34, Rue Bonaparte

1906

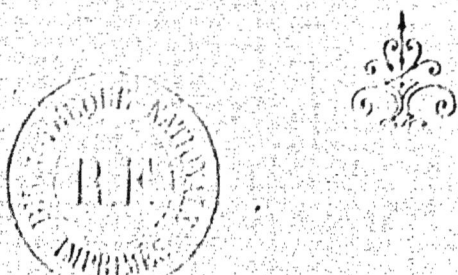

Les pensées de Taine ont été tirées de son ouvrage " *Les Origines de la France Contemporaine* " qui a été publié par MM. Hachette et Cie, éditeurs.

Celles de Renan, d'après son ouvrage " *La Réforme intellectuelle et morale* ", édité par M. Calmann-Lévy, éditeur.

Celles de Roosevelt, d'après " *La Vie intense* " publiée par la Maison Flammarion, éditeur.

PENSÉES
SUR LA DÉMOCRATIE
ET
LA DOCTRINE SOCIALISTE

O peuple! Quel magnifique pouvoir réside en tes mains! Tout le monde te craint comme un maître; mais tu es facile et tu te laisses facilement gagner par les flatteurs et les suborneurs.

ARISTOPHANE

CLÉON

O peuple, comment peut-il y avoir quelqu'un qui t'aime plus que moi? Moi qui ai su te diriger de manière à augmenter ton trésor, en volant celui-ci, en égorgeant celui-là, en tourmentant les autres. Je ne faisais nul cas des particuliers, pourvu que je te fusse agréable.

Le Charcutier

Cher peuple, il n'y a rien de merveilleux en cela, j'en ferai tout autant, moi. J'arracherai à chacun son pain et te le servirai.

Aristophane

Tu te conduis (Cléon) comme les pêcheurs d'anguilles. Ils ne prennent rien quand l'eau est calme, mais ils font bonne pêche quand ils l'ont bien troublé en agitant la vase. Tu prends également, en mettant tout en désordre dans la ville. Mais, je veux savoir une chose : lorsque tu vendais tant de cuir, as-tu, de ce qui t'appartenait, jamais donné une seule fois à ce peuple, que tu dis tant aimer, une semelle pour lui faire des souliers ?

Aristophane

Eh bien (Cléon), que veux-tu manger ? Qu'est-ce qui serait le plus de ton goût ? La caisse publique ?

Aristophane

Le Charcutier

Mais, dis-moi, comment donc, moi, simple charcutier deviendrais-je un personnage ?

Démosthène

Bon ! C'est à cause de cela même que tu deviendras un grand homme. Tu es grossier, méchant, de la lie du peuple ; c'est tout ce qu'il faut...

Mortel fortuné! Comme la nature a pourvu dans toi aux qualités nécessaires pour gouverner l'État !

Le Charcutier

Mais, mon cher, toute mon éducation se borne à savoir lire, et encore, je lis assez mal.

Démosthène

C'est trop encore de savoir même mal lire. Le Gouvernement de la République ne doit plus être confié à des gens habiles et doués de mœurs honnêtes, mais à des grossiers, à des vauriens.....

Le Charcutier

Mais je ne puis revenir de mon étonnement, tant je me crois peu né pour gouverner.

Démosthène

Pauvre homme! Rien de plus facile : tu n'auras qu'à faire ton métier. Il n'y a qu'à user d'enveloppes, tout brouiller, attirer le peuple par des caresses et le duper. Tu as, outre cela, d'autres excellentes qualités pour le peuple : la voix forte, l'éloquence impudente, le naturel pervers et la charlatanerie du marché. Crois-moi, tu as tout ce qu'il faut pour le gouvernement de la République.

Aristophane

Et comme un corps infirme n'a besoin, pour tomber à bas, que du plus léger accident, que souvent même il se dérange sans qu'il survienne aucune cause extérieure ; ainsi un État ne tarde point à être en proie aux séditions et aux guerres intestines, aussitôt que, sur le moindre prétexte, les riches et les pauvres, cherchant à fortifier leur parti, appellent à leur secours, ceux-ci les habitants d'une république voisine, ceux-là les chefs de quelque État oligarchique ; quelquefois aussi les deux factions se déchirent de leurs propres mains, sans que les étrangers entrent dans leur querelle. — Le gouvernement devient démocratique, lorsque les pauvres, ayant remporté la victoire sur les riches, massacrent les uns, chassent les autres, et partagent également avec ceux qui restent les charges et l'administration des affaires.

Platon

A juger sur le premier coup d'œil, n'est-ce pas une condition bien douce et bien commode de n'être soumis à aucune autorité, si vous ne le voulez, de ne point aller à la guerre quand les autres y vont, et, tandis que les autres vivent en paix, de n'y pas vivre vous-même, si cela ne vous plaît pas ; et, en dépit de la loi qui vous interdirait toute fonction dans le gouvernement et la judicature, d'être juge ou magistrat, si la fantaisie vous en prend ? — N'est-ce pas encore quelque chose d'admirable que la douceur avec laquelle on y[1] traite certains condamnés ? Et quelle condescendance généreuse, quelle façon de penser exempte de petitesse, dans ce mépris qu'on y témoigne pour ces maximes que

---

(1) Dans une démocratie.

nous traitons, nous autres, avec tant de respect en traçant le plan de notre république, lorsque nous assurions qu'à moins d'être doué d'un excellent naturel si l'on n'a vécu, dès les jeux de l'enfance, au milieu du beau et de l'honnête et si l'on n'en a fait ensuite une étude sérieuse, jamais on ne deviendra vertueux ! Avec quelle grandeur d'âme on y foule aux pieds ces maximes, sans se mettre en peine d'examiner quelle a été l'éducation de ceux qui s'ingèrent dans le maniement des affaires ! quel empressement, au contraire, à les accueillir et à les honorer, pourvu qu'ils se disent pleins de zèle pour les intérêts du peuple !

Tels sont, avec d'autres semblables, les avantages de la démocratie. C'est comme tu vois, un gouvernement très agréable, où personne n'est le maître, d'une bigarrure charmante, et où l'égalité règne entre les choses inégales comme entre les choses égales.

PLATON

Enfin les mauvais désirs s'emparent de la citadelle de l'âme du jeune homme, après s'être aperçu qu'elle est vide de science, d'habitudes louables, de maximes vraies, qui sont la garde la plus sûre et la plus fidèle de la raison des mortels chéris des dieux. Aussitôt les jugements faux et présomptueux, les opinions hasardées accourent en foule et se jettent dans la place.....

Après avoir vidé l'âme du malheureux jeune homme qu'ils obsèdent, et comme si ils l'initiaient aux grands mystères, ils y introduisent, avec un nombreux cortège, richement parées et la couronne sur la tête, l'insolence, l'anarchie, le libertinage et l'effronterie, dont ils font mille éloges, déguisant leur laideur sous les plus beaux noms, l'anarchie sous celui de liberté, le libertinage sous celui de magnificence, l'effronterie sous celui de courage.

PLATON

Lorsqu'un État démocratique, dévoré d'une soif ardente de liberté, est gouverné par de mauvais échansons qui la lui versent toute pure et la lui font boire jusqu'à l'ivresse, alors, si les gouvernants ne portent pas la complaisance jusqu'à lui donner de la liberté tant qu'il veut, il les accuse et les châtie, sous prétexte que ce sont des traîtres qui aspirent à l'oligarchie. — Il traite avec le dernier mépris ceux qui ont encore du respect et de la soumission pour les magistrats ; il leur reproche qu'ils sont des gens de rien, des esclaves volontaires. En public comme en particulier, il vante et honore l'égalité qui confond les magistrats avec les citoyens.

PLATON

Dans l'État démocratique ce sont eux (les frelons)[1] presque exclusivement qui sont à la tête des affaires. Les plus ardents parlent et agissent ; les autres bourdonnent autour de la tribune, et ferment la bouche à qui-

---

(1) Les démagogues

conque voudrait ouvrir un avis contraire : de sorte que, dans ce gouvernement, toutes les affaires passent entre leurs mains.....

Ils s'emparent des biens des riches, qu'ils partagent avec le peuple, gardant toujours pour eux la meilleure part.

Platon

✻

L'art de bouleverser les Etats est d'ébranler les coutumes établies, en sondant jusque dans leur source, pour y faire remarquer le défaut d'autorité et de justice. Il faut, dit-on, recourir aux lois fondamentales et primitives de l'Etat, qu'une coutume injuste a abolies. C'est un jeu sûr pour tout perdre. Rien ne sera juste à cette balance.

Pascal

✻

On est bien aise (en plaignant les malheureux) de pouvoir se rendre ce témoignage d'humanité, et s'attirer la réputation de tendresse, sans qu'il en coûte rien ; ainsi ce n'est pas grand'chose.

Pascal

✻

L'opposition de la démocratie et de l'aristocratie..... ce n'est pas là un intérêt humain et universel.

Goethe

Toute œuvre d'opposition est une œuvre négative, et la négation, c'est le néant... Celui qui veut exercer une influence utile ne doit jamais rien insulter ; — il ne faut pas renverser, il faut bâtir ; élevons des édifices où l'humanité viendra goûter des joies pures.

Gœthe.

La liberté ne consiste pas à ne rien vouloir reconnaître au-dessus de nous, mais bien à respecter ce qui est au-dessus de nous. Car le respect nous élève à la hauteur de l'objet de notre respect, et par notre hommage nous montrons que la dignité réside aussi en nous et que nous sommes dignes de marcher au même rang.

Gœthe.

Mes ouvrages ne peuvent pas devenir populaires ; celui qui pense le contraire et qui travaille à les rendre populaires est dans l'erreur. Ils ne sont pas écrits pour la masse, mais seulement pour ces hommes qui, voulant et cherchant, ce que j'ai voulu et cherché, marchent dans les mêmes voies que moi.

Gœthe.

Tout ce qui est grand, intelligent est en minorité. — Il ne faut pas penser que la raison soit jamais populaire.

Les passions, les sentiments peuvent devenir populaires, mais la raison restera toujours la propriété exclusive de quelques élus.

Goethe.

⁂

Je ne suis pas amateur de la philosophie populaire. On doit en épargner la connaissance au peuple.... Epicure dit quelque part « Ceci est juste, car le peuple le trouve mauvais. » — Depuis la réforme, les mystères ont été livrés à la discussion populaire, on les a ainsi exposés à toutes les subtilités captieuses de l'étroitesse de jugement, et on ne peut pas encore dire quand finiront les tristes égarements d'esprit qui en sont résultés. Le degré moyen de l'intelligence humaine n'est pas assez élevé pour qu'on puisse lui soumettre un aussi immense problème et pour qu'elle soit choisie comme dernier juge en pareille matière...

La plupart du temps le peuple se borne à répéter avec le même accent les mots que quelque voix éclatante a articulé bien haut devant lui. Ainsi se produisent les faits les plus bizarres; ainsi naissent des prétentions incroyables. On entend souvent un homme presque inculte, mais qui se croit un esprit éclairé, parler du haut d'un dédain superficiel, sur des sujets devant lesquels un Jacobi, un Kant, s'inclineraient pleins d'une crainte respectueuse. Les *résultats* de la philosophie, de la politique et de la religion, voilà ce que l'on doit donner au peuple et ce qui lui sera utile.

Goethe.

Les apôtres de liberté m'ont toujours été antipathiques, car ce qu'ils finissent toujours par chercher, c'est le droit pour eux à l'arbitraire.

GŒTHE

Schiller, qui, entre nous, était bien plus un aristocrate que moi, Schiller a eu le singulier bonheur de passer pour l'ami tout particulier du peuple. Je lui laisse le titre de tout cœur. Oui, on a raison, je ne pouvais pas être un ami de la Révolution française.

GŒTHE

Ce que l'avenir nous réserve, il est impossible de le prophétiser, cependant je crains que nous n'arrivions pas de sitôt à la tranquillité. Il n'est pas donné au monde d'être modéré, aux grands de ne se permettre aucun abus de puissance, à la masse de se contenter d'une situation médiocre en attendant les améliorations successives. Si on pouvait rendre l'humanité parfaite, on pourrait penser à un état social parfait; mais comme elle sera éternellement chancelante tantôt à droite, tantôt à gauche, une partie sera exposée à souffrir pendant que l'autre jouira du bien-être; Egoïsme et Envie sont deux mauvais démons qui nous tourmentent toujours et la lutte des partis ne finira jamais. Ce qu'il y a de plus raisonnable, c'est que chacun fasse le métier pour lequel il est né, qu'il a appris, et qu'il n'empêche pas les autres de faire le leur. Que le cordonnier reste près de sa forme, le laboureur à sa charrue et que le prince connaisse la science du gouvernement. Car cela aussi est un métier qu'il faut apprendre et auquel il ne faut pas prétendre, quand on ne s'y entend pas.

Gœthe

⁂

Cette théorie saint-simonienne me paraît en général bien peu pratique, bien inexécutable. Elle est en contradiction avec la nature, avec l'expérience, avec la marche des choses depuis des siècles. Si chacun fait individuellement son devoir, et dans la sphère d'action la plus rapprochée, agit avec loyauté et énergie, l'ensemble de la société marchera bien. Dans ma carrière d'écrivain je ne me suis jamais demandé : Que veut la masse de la nation ? Comment servirai-je la société ? Non, mais j'ai surtout travaillé à donner à mon esprit plus de pénétration et à être meilleur moi-même, à enrichir mon être propre, et à ne dire que ce que j'avais reconnu, par l'étude, bon et vrai. Ce que j'ai dit, je le reconnais, a exercé une action sur l'ensemble et a rendu des services au loin dans un grand cercle, mais ce n'était pas là mon but, c'était une conséquence...

Provisoirement ma grande maxime est celle-ci : « Que le père de famille s'occupe de sa maison, l'artisan de ses pratiques, le prêtre de l'amour du prochain, et que la police ne gêne pas nos plaisirs ! »

Gœthe

Je ne sais pas avoir péché contre le peuple, mais maintenant, c'est décidé, une fois pour toutes ; je ne suis pas un ami du peuple ! Oui, c'est vrai, je ne suis pas un ami de la plèbe révolutionnaire, qui cherche le pillage, le meurtre et l'incendie, qui, sous la fausse enseigne du bien public, n'a vraiment devant les yeux que les buts les plus égoïstes et les plus vils.

Gœthe

On parle toujours et beaucoup d'aristocratie et de démocratie ; la chose est pourtant bien simple. Quand nous sommes jeunes, ne possédant rien, ou ne sachant pas apprécier une possession paisible, nous sommes démocrates. Mais, arrivés au bout d'une longue vie à une propriété, nous désirons non seulement qu'elle nous soit assurée, mais aussi que nos enfants et petits-enfants puissent jouir en paix de ce que nous avons acquis. Voilà comment nous sommes tous sans exception aristocrates dans la vieillesse, lors même que jeunes gens nous aurions eu d'autres opinions.

Gœthe

Il faudra regretter toujours qu'au lieu de plier la noblesse sous l'empire des lois, on l'ait abattue et déracinée. En agissant ainsi, on a ôté à la nation une portion nécessaire de sa substance et fait à la liberté une blessure qui ne se guérira jamais. Une classe qui a marché pendant des siècles la première, a contracté, dans ce long usage incontesté de la grandeur, une certaine fierté de cœur, une confiance naturelle en ses forces... qui fait d'elle le point résistant du corps social... Rien ne saurait la remplacer complètement.

Tocqueville

※

Sans aristocratie une civilisation n'est pas complète.

Taine

※

L'essentiel est que les classes éclairées et riches conduisent les ignorants et ceux qui vivent au jour le jour.

Taine

※

Tout ordre social est appuyé sur le pouvoir des supérieurs et la soummission des inférieurs.

J. Ruskin

※

Non pas la liberté, mais la subordination à certaines lois et à certaines personnes nommées à cet effet, — non pas l'égalité, mais le respect de ce qui est meilleur, et le mépris de ce qui est pire.

J. Ruskin

※

De tous les arts par lesquels les hommes se sont dégagés de la brutalité primitive, celui qui leur enseigne les égards mutuels est peut-être le plus précieux.

Taine

Dans l'aristocratie française, au moment de la révolution, la trempe morale est des plus rares.....

Dans ces quelques hommes, résidait presque toute la capacité, l'information, le bon sens politique de la France; ayant seuls commandé, négocié, délibéré, administré, ils étaient les seuls qui connussent à peu près les hommes et les choses... Rien de plus précieux que de pareils hommes; car ils sont l'âme de leurs services, et l'on ne peut point les remplacer en masse, au pied levé, par des gens de mérite égal. Dans la diplomatie, les finances, la judicature et l'administration, dans le grand négoce et dans la grande industrie, on ne fabrique pas du jour au lendemain, la capacité dirigeante et pratique..... les familles nobles de France entretenaient dans leurs fils les traditions et les préjugés, les habitudes et les aptitudes, les énergies de corps, de cœur et d'esprit, par lesquels les hobereaux prussiens ont constitué l'armée prussienne, organisé l'armée allemande et fait de l'Allemagne la première puissance de l'Europe.

Manifestement, c'est la bourgeoisie qui, avec la noblesse et le clergé, avait recueilli presque tout le produit net de l'histoire, la plus grosse part du capital mental et moral accumulé, non seulement par le siècle, mais encore par les siècles précédents.

Taine

Dans la vieille société française l'institution du partage égal, le régime du partage forcé, la règle du partage en nature et les autres prescriptions de notre Code civil, n'émiettaient pas les héritages et ne démolissaient pas les foyers..... l'appel de tous à toutes les places, l'exaltation croissante des ambitions et des convoitises, ne multipliaient pas au-delà de toute mesure les déclassés mécontents et les nomades malfaisants. Dans l'ordre politique, l'ineptie, l'envie et la brutalité n'étaient point souveraines; le suffrage universel n'excluait pas du pouvoir les hommes nés, élevés et qualifiés pour l'exercer.

Taine

Presque tous les peuples qui ont agi fortement sur le monde, ceux qui ont conçu, servi et exécuté de grands desseins, depuis les Romains jusqu'aux Anglais, étaient dirigés par une aristocratie, et comment s'en étonner!

Ce qu'il y a de plus fixe au monde dans ses vues, c'est une aristocratie. La masse de peuple peut-être séduite par son ignorance ou ses passions; on peut surprendre l'esprit d'un roi et le faire vaciller dans ses projets; et d'ailleurs un roi n'est point immortel. Mais un corps aristocratique est trop nombreux pour être capté, trop peu nombreux pour céder aisément à l'enivrement de passions irréfléchies. Un corps aristocratique est un homme ferme et éclairé qui ne meurt point.

Tocqueville

Egalité est un mot qui est souvent pris pour envie. Elle signifie au fond du cœur de tout républicain : personne ne sera dans une meilleure situation que moi.

Tocqueville

Le monde s'arrêterait le jour où la loi immobile de l'égalité serait proclamée par les utopistes de J. J. Rousseau. Cette philosophie ne pouvait naître que sous la plume d'un prolétaire affamé trouvant plus commode de blasphémer le travail, la propriété..... que de se fatiguer à son tour pour arriver à son tour à la propriété, à l'aisance, à la fondation d'une famille.

De tels hommes sont les Attilas de la Providence...

Voilà la législation de ces philosophes : l'univers pétrifié, l'univers affamé, le principe de tout mouvement arrêté, le grand ressort de la machine humaine brisé. L'homme content de mourir de faim, pourvu qu'aucun de ses semblables, n'ait de superflu ; constitution de la jalousie, vice détestable, au lieu de la constitution de la fraternité, heureuse de la félicité d'autrui, vertu des vertus !...

LAMARTINE

L'égalité — ce rêve d'envieux réalisé par des imbéciles.

A. KARR

Quand les ouvriers ont de l'ouvrage, ce n'est pas chez eux que l'on trouve la misère, — c'est dans une classe qu'on leur apprend sottement à envier et à haïr.

A. KARR

Le dogme absurde de l'égalité consiste non à s'élever jusqu'aux autres, mais à abaisser les autres jusqu'à soi.

A. KARR

Le principe de l'égalité — mais, il n'y a pas de poison plus dangereux ! cette doctrine paraît être proclamée par la justice même, et elle est la négation de toute justice... Il ne faut jamais rendre égal ce qui n'est pas égal.

Toutes les sanglantes horreurs qui ont été commises au nom de ce principe spécialement moderne lui ont donné une certaine auréole aux rayons de flamme, qui ont pu attirer à la Révolution envisagée comme phénomène les intelligences les plus nobles. Mais finalement ce n'est pas une raison pour laquelle nous devrions l'apprécier. Je connais un homme qui l'envisageait comme il devait le faire, c'est-à-dire avec mépris : c'était Gœthe.

NITSCHE

Que les hommes entre eux soient égaux sur la terre,
Je n'ai jamais compris que cela pût se faire,
Et je ne suis pas né de sang républicain.

A. DE MUSSET

Est-ce assez pour toi[1] ; des vaines théories,
Sophismes monstrueux dont on nous a bercés,

---

1. La France

Spectres républicains sortis des temps passés,
Abus de tous les droits, honteuses rêveries
D'assassins en délire ou d'enfants insensés?

A. DE MUSSET

※

Le positivisme a toujours combattu radicalement (les doctrines métaphysiques) sur la souveraineté du peuple et l'égalité.....

J'ai surtout conseillé de modifier l'ancienne devise[1]... en y supprimant l'*Egalité*, qui toujours caractérisa le mauvais esprit révolutionnaire.

AUG. COMTE

※

Le nivellement exige la compression permanente des supériorités quelconques, tandis que le libre essor développe l'inégalité.

AUG. COMTE.

※

J'ai voulu exposer au grand jour les périls que l'égalité fait courir à l'indépendance humaine parce que je crois fermement que ces périls sont les plus formidables aussi bien que les moins prévus de tous ceux que renferme l'avenir.

TOCQUEVILLE

---

(1) Liberté, Egalité, Fraternité

La pauvreté et le malheur sont les meilleurs garants d'égalité que l'on connaisse parmi les hommes.

Tocqueville

Les sociétés démocratiques qui ne sont pas libres peuvent être riches... puissantes par le poids de leur masse homogène, on peut y rencontrer des qualités privées... on y verra même de bons chrétiens... l'empire romain dans son extrême décadence, en était plein ; mais ce qui ne se verra jamais ; j'ose le dire, dans des sociétés semblables, ce sont de grands citoyens et surtout un grand peuple et je ne crains pas d'affirmer que le niveau commun des cœurs et des esprits ne cessera jamais de s'y abaisser tant que l'égalité et le despotisme y seront joints.

Tocqueville

Il semble que l'égalité soit justice, et elle l'est en effet ; mais elle ne l'est pas pour tous ; elle ne l'est qu'entre égaux.

Aristote.

La démocratie et la tyrannie sont deux formes de gouvernement, que l'on est en droit de rejeter entièrement ou de considérer comme les plus mauvaises de toutes.

Aristote.

Rousseau meurt d'une mort problématique, naturelle selon les uns, volontaire selon les autres: le mystère après la folie......

Enseigne vivante, dont le seul mot est imagination malade. Homme qu'il faut plaindre, qu'il faut admirer, mais qu'il faut répudier comme législateur...

Est-ce dans de tels vases, fêlés et empoisonnés que Dieu verse ses révélations pour les communiquer aux peuples? Cet homme est-il un Zoroastre? un Moïse? un Confucius? un Lycurgue? un Solon? un Pythagore?...

Non! un tel homme n'a pu être aimé des dieux, selon l'expression antique, et l'impureté de l'organe aurait altéré en passant par sa bouche, l'évangile même du peuple, dont on voulu faire — le Messie.

Voyez cet évangi e dans le *Contrat social*. — Evangile d'un peuple, en effet, mais d'un peuple qui avait Mirabeau et courait à Marat. — Théorie digne des exécuteurs, mensonge gros d'un crime.

Demandez-vous, en finissant cette lecture, si vous vous sentez une vertu de plus dans l'âme. Lisez au contraire, les législations de Confucius, de l'Inde antique du christianisme sur la montagne, de l'islamisme même dans le Coran, et demandez-vous si vous ne vous sentez pas soulevé d'autant de vertus de plus au-dessus de la législation du *Contrat social* et de la civilisation matérialiste de nos temps, qu'il y a de distance entre l'égoïsme et le sacrifice, entre la machine et l'âme, entre la terre et le ciel.

LAMARTINE

J. J. Rousseau détestait les riches et les grands parce qu'il était pauvre et petit.

Lamartine

L'opulence est une infamie.

Saint-Just

Les dangers intérieurs viennent des bourgeois.

Robespierre

Nous donnons un arpent de terre à tout chef de famille qui a moins d'un arpent en propre.

Barère

Entre le démagogue et le brigand la ressemblance est intime.

Taine

Les Hottentots, les Cafres et plusieurs peuplades nègres, sont des démocraties.

Voltaire

Il m'importe peu de savoir qui m'opprime, et je ne suis pas mieux disposé à passer ma tête dans le joug, parce qu'un million de bras me le présentent.

Tocqueville

Le suffrage universel dans un pays apathique, tend toujours à mettre le pouvoir aux mains des bavards déclassés.

Taine

Dans les gouvernements aristocratiques, les hommes qui arrivent aux affaires sont des gens riches qui ne désirent que du pouvoir. Dans les démocraties, les hommes d'État sont pauvres et ont leur fortune à faire.

Si les hommes qui dirigent les aristocraties cherchent quelquefois à corrompre, les chefs des démocraties se montrent eux-mêmes corrompus.

Tocqueville

Dans la démocratie il s'opère je ne sais quel odieux mélange entre les idées de bassesse et de pouvoir, d'indignité et de succès, d'utilité et de déshonneur.

Tocqueville

Qu'est ce donc qu'une majorité prise collectivement sinon un individu qui a des opinions et le plus souvent des intérêts contraires à un autre individu qu'on nomme la minorité? Or, si vous admettez qu'un homme revêtu de la toute puissance peut en abuser contre ses adversaires, pourquoi n'admettez-vous pas la même chose pour une minorité? Les hommes en se réunissant ont-ils changé de caractère?... Pour moi, je ne saurais le croire ; et le pouvoir de tout faire, que je refuse à un seul de mes semblables, je ne l'accorderais jamais à plusieurs.....

La toute-puissance me semble en soi une chose mauvaise et dangereuse.....

Tocqueville

※

Personne ne voudrait soutenir qu'un peuple ne puisse abuser de la force vis à vis d'un autre peuple. Or, les partis forment comme autant de petites nations dans une grande ;... si on convient qu'une nation peut être tyrannique envers une autre nation, comment éviter qu'un parti puisse l'être envers un autre parti?

Tocqueville

※

Le pouvoir de la majorité est un fait continu et son bon emploi n'est qu'un accident.

Tocqueville

※

Dans les républiques démocratiques où le souverain est abordable de toutes parts, et où il ne s'agit que d'élever la voix pour arriver jusqu'à son oreille, on rencontre beaucoup plus de gens qui cherchent à spéculer sur ses faiblesses, et à vivre aux dépens de ses passions, que dans les monarchies absolues. Ce n'est pas que les hommes y soient naturellement pires qu'ailleurs, mais la tentation y est plus forte et s'offre à plus de monde en même temps. Il en résulte un abaissement bien plus général dans les âmes.

※

Il est d'une grande importance dans la république, non seulement de défendre la société contre l'oppression de ceux qui la gouvernent, mais encore de garantir une partie de la société contre l'injustice de l'autre... s'il existait une société dans laquelle le parti plus puissant fût en état de réunir facilement ses forces et d'opprimer le plus faible, on pourrait considérer que l'anarchie règne dans une pareille société aussi bien que dans l'état de nature, où l'individu le plus faible n'a aucune garantie contre la violence du plus fort.

Président J. Madisson

※

Sous prétexte de *progrès* et de *bien public* on se dispute ignoblement les lambeaux de tout ce qui se paie et de tout ce qui se vend.

A. Karr

※

Les gueuletons politiques et les dîners — où l'on choque les verres pleins contre les mots vides.....

A. Karr

※

Il ne faut pas se dissimuler que les institutions démocratiques développent à un très haut degré le sentiment de l'envie dans le cœur humain... Elles réveillent et flattent la passion de l'égalité sans pouvoir jamais la satisfaire entièrement.

Tocqueville

Ceux qui regardent le vote universel comme une garantie de la bonté des choix se font une illusion complète.

Tocqueville

Les votes doivent être pesés et non comptés.

Aristote

Dix millions d'ignorances ne font pas un savoir.

Taine

Il ne devrait pas être nécessaire de dire que tout homme qui essaye de résoudre les grands problèmes qui nous font tête, en faisant appel à la colère et à la passion, à l'ignorance et à la sottise, à la malice et à l'envie, n'est, et ne pourra jamais être autre chose qu'un ennemi des gens même dont il fait profession d'être l'ami. D'après les paroles de Lowell, il est bien plus sûr d'adopter comme devise "Vivent tous les hommes!" que "A bas quelques hommes!" A parler largement, nous ne pouvons à la longue faire bénéficier un homme de la chute d'un autre. Nos énergies, en règle générale, peuvent être employées beaucoup plus utilement à élever les uns qu'à abaisser les autres.

Il y a dégradation pour nous si nous éprouvons de l'envie et de la malice et de la haine envers notre prochain pour n'importe quelle cause; et si nous lui envions simplement sa richesse, nous montrons que nous avons un bas idéal. L'argent est une bonne chose. C'est une sotte affectation que de le nier. Mais il n'est pas la seule bonne chose, et après que l'on en a amassé une certaine quantité, il cesse d'être la principale même des bonnes choses matérielles.

Président Roosevelt.

Depuis les jours où le peuple choisi reçut le Décalogue jusqu'à nos jours, l'envie et la malice ont été reconnues comme des maux, et malheur à ceux qui y font appel. Enfreindre le dixième commandement n'est pas plus moral maintenant qu'il ne le fut pendant les trente siècles passés. Le vice d'envie n'est pas seulement un vice dangereux, mais aussi un vice abject, car il est toujours une confession d'infériorité. La vérité est que chacun de nous a en lui certaines passions et certains instincts qui, s'ils prenaient la haute main dans son âme, signifieraient que la bête sauvage a tout à fait pris le dessus en lui. L'envie, la méchanceté et la haine sont de telles passions, et elles sont tout aussi mauvaises quand elles sont dirigées contre une classe ou un groupe d'hommes que si elles sont dirigées contre un individu. Ce que nous demandons à nos leaders et éducateurs c'est de nous aider à supprimer de tels sentiments, de nous aider à éveiller et à diriger les sentiments qui sont leurs extrêmes opposés. Malheur à nous comme Nation, si jamais nous suivons la direction des hommes qui cherchent, non pas à étouffer, mais à enflammer les qualités de bête fauve du cœur humain!

Dans la réforme sociale et industrielle, non moins que dans la réforme politique, nous ne pouvons faire un travail sain, un travail digne d'une république libre, digne d'une démocratie qui se gouverne elle-même, qu'en marchant sur les traces de Washington et de Franklin et d'Adams et de Patrick Henri et non sur les traces de Marat et Robespierre.

Président Roosevelt.

La partie active du parti démocratique qui maintenant travaille plus ou moins tous les Etats Européens n'a nullement pour idéal la république américaine. A part quelques théoriciens, le parti démocratique a des tendances socialistes qui sont l'inverse des idées américaines sur la liberté et la propriété. La liberté du travail, la libre concurrence, le libre usage de la propriété, la faculté laissée à chacun de s'enrichir selon ses pouvoirs, sont justement ce dont ne veut pas la démocratie européenne.

Renan.

Les pays américains...., ont le respect de la loi et de la constitution. Comparer les pays à tendances socialistes, comme le nôtre, où tant de personnes attendent d'une révolution l'amélioration de leur sort, à de pareils États complètement exempts de socialisme, où l'homme, tout occupé de ses affaires privées, demande au gouvernement très peu de garanties, est la plus profonde erreur qu'on puisse commettre en fait d'histoire philosophique.

RENAN

L'erreur du parti libéral français est de ne pas comprendre que toute construction politique doit avoir une base conservatrice. En Angleterre le gouvernement parlementaire n'a été possible qu'après l'exclusion du parti radical..... Rien n'est assuré en politique jusqu'à ce qu'on ait amené les parties lourdes et solides, qui sont le lest de la Nation, à servir le progrès... L'abstention ou l'hostilité du parti légitimiste est encore le grand malheur de la France... Le parti légitimiste est en un sens l'âme indispensable de toute fondation politique parmi nous ! même les États-Unis possèdent à leur manière cette base essentielle de toute société dans leurs souvenirs religieux, héroïques, et dans cette classe de citoyens moraux, fiers, graves, pesants, qui sont les pierres avec lesquelles on bâtit l'édifice de l'État. Le reste n'est que sable, on n'en fait rien de durable, quelque esprit et même quelque chaleur de cœur qu'on y mette.

RENAN

J'ai vu aux États-Unis les habitants d'un comté, où un grand crime avait été commis, former spontanément des comités, dans le but de poursuivre le coupable et de le livrer aux tribunaux. En Europe, le criminel est un infortuné,... qui combat pour dérober sa tête aux agents du pouvoir, la population assiste de quelque sorte à la lutte. En Amérique, c'est un ennemi du genre humain et il a contre lui l'humanité toute entière.

Tocqueville

Je craindrais les vices et la lâcheté des serfs. La liberté est un aliment de bon suc, mais de forte digestion... affranchir les peuples de la Pologne est une grande et belle opération¹, mais hardie, périlleuse et qu'il ne faut pas tenter inconsidérément. Parmi les précautions à prendre, il en est une indispensable et qui demande du temps. C'est avant toute chose de rendre dignes de la liberté et capables de la supporter les serfs qu'on veut affranchir... n'affranchissez leurs corps qu'après avoir affranchi leurs âmes.

J. J. Rousseau

Toute entreprise légale, pour l'affranchissement des serfs,² pour peu qu'elle soit trop générale et trop hâtée

---

(1) Plusieurs seigneurs polonais avaient manifesté l'intention d'affranchir leurs serfs, lorsque Rousseau écrivait "ses Considérations". Malgré l'avis contraire du philosophe génevois, l'aristocratie polonaise fut la première en Europe, qui 30 ans avant la Révolution abolit la servitude dans ses terres. « On ne trouve dans l'histoire — dit Ch. Dany — dans son livre sur " Les idées politiques et l'esprit public en Pologne" » — aucun exemple d'un pareil renoncement. »

(2) En Russie.

tournera directement contre les vues bienfaisantes du souverain.

J. DE MAISTRE

⁂

Ces serfs, à mesure qu'ils recevront la liberté, se trouveront placés entre des instituteurs plus que suspects et des prêtres sans force et sans considération. Ainsi exposés, sans préparation, ils passeront infailliblement et brusquement de la superstition à l'athéisme, et d'une obéissance passive à une activité effrénée. La liberté sera sur tous ces tempéraments l'effet d'un vin ardent sur un homme qui n'y est point habitué. Le spectacle réel de cette liberté enivrera ceux qui n'y participent point encore. Que, dans cette disposition générale des esprits, il se présente quelque Pougatschef d'une université (comme il peut s'en former aisément, puisque les manufactures sont ouvertes), qu'on ajoute l'indifférence, l'incapacité ou l'ambition de quelques nobles, la scélératesse étrangère, les manœuvres d'une secte détestable qui ne dort jamais et — l'Etat, — se romprait, au pied de la lettre, comme une poutre trop longue qui ne porterait que par les extrémités ; ailleurs il n'y a qu'un danger à craindre ; ici, il y en a deux.[1]

J. DE MAISTRE

⁂

La gloire et la conservation de l'empire (Russe) consistent bien moins dans l'affranchissement de la partie

---

(1) On ne saurait trop admirer l'esprit prophétique de ces paroles.

encore servile de la nation que dans le perfectionnement de la partie libre et surtout noble.

J. DE MAISTRE

※

Ici¹ comme ailleurs, et plus qu'ailleurs, la lèpre du XVIII° siècle ronge les âmes.

J'ai touché plus d'une fois l'esprit d'opposition qui règne dans ce pays.....

Un principe destructeur travaille ce pays et le mène graduellement dans l'abîme du néant.

Il n'y a pas de pays où l'on rencontre plus de disparates. Celui qui dirait que l'on y trouve l'extrême servitude aurait raison, et celui qui dirait que l'on y trouve l'extrême liberté aurait raison aussi..... on pourrait dire même, sans exagération, qu'on y exagère la liberté.²

J. DE MAISTRE

※

Si la nation était mûre pour un gouvernement représentatif, l'Empereur ne demanderait pas mieux que de le lui donner.

Tout me porte à croire que la Russie n'est pas susceptible d'un gouvernement organisé comme les nôtres et que les essais philosophiques de sa Majesté

---

(1) En Russie.

(2) J. de Maistre nous fait remarquer ailleurs le sentiment de "fausse humanité", qui caractérisait de son temps, comme aujourd'hui, la société russe et que nous retrouvons dans les théories tolstoïennes.

Impériale n'aboutiront qu'à replacer son peuple où il l'a trouvé, ce qui ne sera pas au fond un fort grand mal. Mais si la nation, venant à comprendre nos perfides nouveautés et à y prendre goût, si quelque Pougatschef d'Université venait à se mettre à la tête d'un parti, si une fois le peuple était ébranlé et commençait une révolution à l'européenne, je n'ai point d'expression pour vous dire ce qu'on pourrait craindre.

J. DE MAISTRE

L'enseignement en Russie est planté à rebours et mène à la corruption avant de mener à la science.

J. DE MAISTRE

La science dès qu'elle est précise et solide, cesse d'être révolutionnaire, et même devient antirévolutionnaire.

TAINE

S'il venait jamais à se fonder une république démocratique comme celle des États-Unis, dans un pays où le pouvoir d'un seul avait déjà établi et fait passer dans les habitudes, comme dans les lois, la centralisation administrative, je ne crains pas de le dire, dans une pareille république, le despotisme deviendrait plus intolérable que dans aucune des monarchies absolues de l'Europe. Il faudrait passer en Asie pour trouver quelque chose à lui comparer.

TOCQUEVILLE

La royauté a les mêmes bases que l'aristocratie ; car elle se fonde sur le mérite, sur la vertu personnelle, sur la naissance, ou sur les bienfaits, ou sur tous ces avantages réunis à la puissance. Tous ceux qui ont été les bienfaiteurs des villes et des nations, ou qui ont pu l'être, ont obtenu cette noble récompense ; les uns, par leurs vertus guerrières, en préservant le peuple de la servitude, comme Codrus ; les autres, en l'affranchissant comme Cyrus ; d'autres en devenant les fondateurs d'un état, ou en l'agrandissant par des conquêtes.....

Le roi veut et doit être le protecteur de ses sujets ; il protège les riches propriétaires contre les injustices, et le peuple contre les outrages. Au contraire, comme on l'a dit plusieurs fois, la tyrannie n'a jamais en vue le bien général.....

Au reste, il est évident que la tyrannie réunit à la fois les vices de la démocratie et ceux de l'oligarchie.

La tyrannie tient de l'oligarchie ses défiances envers le peuple.

D'un autre côté, elle a de commun avec la démocratie, de faire une guerre continuelle aux riches, de leur nuire par toute sorte de moyens secrets ou déclarés.

ARISTOTE

Les gouvernements viciés sont : la tyrannie pour la royauté, l'oligarchie pour l'aristocratie ; la démagogie pour la République. La tyrannie est une monarchie qui n'a d'autre objet que l'intérêt du monarque ; l'oligarchie ne voit que l'intérêt des riches ; la démagogie que celui des pauvres : aucun de ces gouvernements ne s'occupe de l'intérêt général.

Aristote

※

Une pareille législation a un aspect séduisant et semble empreinte de l'amour de l'humanité. Celui qui entend la lecture des dispositions qu'elle renferme les accepte avec joie, s'imaginant qu'il doit en résulter une merveilleuse bienveillance entre tous les citoyens, surtout lorsqu'on accuse les vices des gouvernements existants et qu'on les attribue uniquement à ce que la communauté des biens n'y est pas établie......

Cependant nous voyons que les possesseurs de biens en commun ont plus souvent des procès entre eux que les propriétaires des biens séparés......

S'il est juste de calculer les maux que la communauté préviendrait, il faut aussi compter les biens dont elle nous priverait ; mais avec la communauté l'existence paraît tout à fait impossible......

Sans doute il faut à certains égards l'unité dans la famille et dans l'Etat, mais ce n'est pas d'une manière absolue......

C'est comme si l'on voulait faire un accord avec un seul son ou un rythme avec une seule mesure......

Du reste on ne saurait dire quel plaisir il y a de penser qu'une chose nous appartient en propre. Ce n'est pas une vaine illusion que l'amour de nous-mêmes ; c'est au contraire un sentiment naturel ; l'égoïsme, voilà ce qui est blâmé avec raison......

La plus douce des jouissances est d'obliger et de secourir des amis, des hôtes, des compagnons, et on ne peut se la procurer qu'au moyen de la possession individuelle.

On détruit cette jouissance quand on exagère le système de l'égalité politique.

Aristote

✹

En général toutes les relations que la vie commune et les associations entraînent pour les hommes sont difficiles, surtout celles qui ont l'intérêt pour objet.

Aristote

✹

Il est encore bien étrange qu'en établissant l'égalité des propriétés on n'ait rien statué sur le nombre des citoyens.

Aristote

✹

C'est dans les passions qu'il faut établir l'égalité plutôt que dans les fortunes, et cette égalité ne peut être que le fruit de l'éducation donnée par les lois.

Aristote

✹

Le vulgaire ne peut supporter l'inégalité des fortunes, les hommes supérieurs s'irritent de l'égale répartition des honneurs.

Aristote

Aucun système socialiste n'a réussi jusqu'ici à se présenter avec les apparences de la possibilité.

RENAN

Supprimant l'hérédité, et par là détruisant la famille ou la laissant facultative, une nation serait bientôt vaincue soit par les parties d'elle-même où se conserveraient les anciens principes, soit par les nations étrangères qui conserveraient ces principes. La race qui triomphe est toujours celle où la famille et la propriété sont le plus fortement organisées. L'humanité est une échelle mystérieuse, une série de résultantes procédant les unes des autres. Des générations laborieuses d'hommes du peuple et de paysans font l'existence du bourgeois honnête et économe, lequel fait à son tour le noble, l'homme dispensé du travail matériel, voué tout entier aux choses désintéressées. Chacun à son rang est le gardien d'une tradition qui importe aux progrès de la civilisation.

RENAN

Chacun de nous est l'héritier d'une somme immense de dévouements, de sacrifices, d'expériences, de réflexions, qui constitue notre patrimoine.

HERDER

Qu'elle est donc l'espèce de philosophie[1] qui fait dire des choses que le sens commun réprouve du fond de la Chine jusqu'au Canada? N'est-ce pas celle d'un gueux qui voudrait que tous les riches fussent volés par les pauvres, afin de mieux établir l'union fraternelle entre les hommes?

Voltaire

L'univers, mon ami, sera bouleversé ;
On ne verra plus rien qui ressemble au passé.
Les riches seront gueux et les nobles infâmes ;
Nos maux seront des biens. . . . . . .
De rois, de députés, de ministres, pas un.
De magistrats, néant ; de lois, pas davantage,
J'abolis la famille et romps le mariage ;.....
Du reste, on ne verra, mon cher, dans les campagnes,
Ni forêts, ni clochers, ni vallons, ni montagnes ;
Chansons que tout cela ! Nous les supprimerons,
Nous les démolirons, comblerons, brûlerons.....
Qui veut peut jeûner
Mais nul n'aura, du moins, le droit de bien dîner...
Le monde sera propre et net comme une écuelle ;
L'humanité ravie en fera sa gamelle.....

A. de Musset

---

(1) Voltaire parle ici des idées socialistes de Rousseau.

Un déplorable exercice de suffrage universel a profondément vicié la raison populaire, jusqu'alors préservée des sophismes constitutionnels et des complots parlementaires, concentrés chez les riches et les lettrés.....

Développant un aveugle orgueil, nos prolétaires se sont crus ainsi dispensés de toute étude sérieuse pour décider les plus hautes questions sociales.

Quoique cette dégénération soit beaucoup moindre chez les Occidentaux du Midi, que la résistance catholique abrita contre la métaphysique protestante ou déiste, des lectures négatives commencent à l'y trop propager.

Auguste Comte

Notre vie intellectuelle offre des perturbations profondes, caractérisées surtout par la prépondérance habituelle des parleurs sur les penseurs.

Toutefois, le principal désordre affecte aujourd'hui l'existence matérielle, où le nombre et la richesse, vivent dans un état croissant d'hostilité mutuelle, qui doit leur être également reprochés.

Auguste Comte

Le peuple accueille avidement les absurdes utopies, sans reconnaitre aucune vraie discipline mentale; sauf envers les jongleurs ou les rêveurs.

Auguste Comte

Faute d'une doctrine capable de déterminer l'avenir et de régler le présent, les âmes populaires, alarmées sur le progrès, accueillirent les rêveurs et les jongleurs, qui leur promettaient des réformes à la fois immédiates et radicales.....

Voilà comment surgit en France, une phase honteuse et funeste, caractérisée par le développement connexe du journalisme et du régime parlementaire.

Auguste Comte

La plus vicieuse des dispositions révolutionnaires, soulève le nombre contre la richesse.....

Mais tout lecteur qui, dans son âge métaphysique, s'arrêta spécialement à la prétendue science des économistes, sentira facilement combien la vraie formation des grands capitaux se trouve radicalement éclaircie d'après sa décomposition nécessaire en trois phases successives : production, conservation, et enfin transmission.

Cette analyse est surtout propre à démontrer que les deux dernières opérations sont indispensables à la haute efficacité sociale du résultat, et dès lors méritent autant de respect que la première, seule appréciée par notre raison anarchique.

Auguste Comte

On ne produit des trésors quelconques qu'afin de les transmettre.

Auguste Comte

La bonté générale, tant prônée aujourd'hui, indique davantage la haine des riches que l'amour des pauvres. Car la philanthropie moderne exprime trop souvent une prétendue bienveillance avec les formes propres à la rage ou à l'envie.

Auguste Comte

Toutes les réclamations du prolétariat doivent maintenant sembler déclamatoires, quand on sait que la plupart des prolétaires actuels ne travaillent que par force, sans aucunement sentir la dignité du travail industriel, auquel chacun d'eux préfère secrètement l'existence égoïste et fainéante qu'ils reprochent aux riches.

Auguste Comte

Il ne peut exister davantage de société sans gouvernement que de gouvernement sans société.

Auguste Comte

Les Jacobins ont fait à la propriété une guerre systématique. Ils ont provoqué, excusé, amnistié, ou toléré et autorisé contre la propriété, tous les attentats populaires, des milliers d'émeutes, sept jacqueries consécutives... et la dernière étalée sur la France entière c'est-à-dire le brigandage universel... toutes les formes du vol, depuis le refus des rentes et fermages, jusqu'au pillage des châteaux... la licence plénière des attroupements,... bref, le recul vers l'état de la nature, la souveraineté des appétits et des convoitises, la rentrée de l'homme dans la forêt primitive... depuis qu'ils sont au pouvoir, par delà les spoliations consommées, ils en promettent d'autres plus vastes... « La loi agraire, la promiscuité des biens, le nivellement des fortunes »...

TAINE

❦

Sur ce tas d'or¹ sont des titres authentiques, qui, en constatant sa provenance, fixent sa destination, et la seule affaire du gouvernement est de veiller pour qu'il soit remis à son adresse.

TAINE.

❦

Le gouvernement monarchique même absolu et besogneux, gardait assez de probité pour comprendre que la confiscation est un vol. Plus on est puissant, plus on est tenu d'être juste, et l'honnêteté finit toujours par devenir la meilleure politique.

TAINE.

❦

A l'endroit du clergé comme à l'endroit des nobles et du roi, l'Assemblée Constituante a démoli un mur solide pour enfoncer une porte ouverte ; rien de singulier si l'édifice entier croule sur la tête des habitants. Il fallait

---

(1) La propriété ecclésiastique.

réformer, respecter, utiliser les supériorités et les corps ; au nom de l'égalité abstraite et de la souveraineté nationale, elle n'a songé qu'à les abolir ; pour les abolir, elle a pratiqué, ou toléré, ou préparé tous les attentats contre les propriétés et les personnes.

Taine.

※

Un des plus mauvais résultats de la démocratie est de faire de la chose publique la proie d'une classe de politiciens médiocres et jaloux, naturellement peu respectés de la foule, qui a vu son mandataire d'aujourd'hui humilié hier devant elle, et qui sait par quel charlatanisme on a surpris son suffrage.

Renan

※

L'Angleterre, sans rompre avec sa royauté, avec sa noblesse, avec ses comtés, avec ses communes, avec son Eglise, avec ses universités, a trouvé moyen d'être l'Etat le plus libre, le plus prospère et le plus patriote qu'il y ait.

Renan

※

La France telle que l'a faite le suffrage universel est devenue profondément matérialiste ; les nobles soucis de la France d'autrefois, le patriotisme, l'enthousiasme du beau, l'amour de la gloire, ont disparu avec les classes nobles qui représentaient l'âme de la France. Le jugement et le gouvernement des choses ont été transportés à la masse ; or la masse est lourde, grossière dominée par la vue la plus superficielle de l'intérêt. Ces deux pôles sont l'ouvrier et le paysan. L'ouvrier n'est pas éclairé ; le paysan veut avant tout acheter de la terre, arrondir son champ. Parlez au paysan, au socialiste, de la France, de son passé, de son génie, il ne comprendra pas un tel langage. L'honneur militaire, de ce point de vue borné, paraît une folie ; le goût des grandes choses, la gloire de l'esprit sont des chimères ; l'argent dépensé pour l'art et la science est de l'argent perdu, dépensé follement.....

Renan

La France a été autrefois brillante et guerrière, mais elle l'a été par sélection, si j'ose le dire. Elle entretenait et produisait une noblesse admirable, pleine de bravoure et d'éclat. Cette noblesse une fois tombée, il est resté un fond indistinct de médiocrité, sans originalité ni hardiesse, une roture ne comprenant ni le privilège de l'esprit, ni celui de l'épée. Une nation ainsi faite peut arriver au comble de la prospérité matérielle ; elle n'a plus de rôle dans le monde, plus d'action à l'étranger. D'autre part, il est impossible de sortir d'un pareil état avec le suffrage universel.

Renan

A ce vide que laisse toujours dans un pays l'absence de cour, d'anciennes institutions, l'Amérique supplée par le feu de sa jeune croissance, par son patriotisme.... par sa hardiesse et son esprit d'entreprise, par l'absence presque totale de germes socialistes, par la facilité avec laquelle la différence du riche et du pauvre y est acceptée, par le privilège surtout qu'elle a de se développer à l'air libre, dans l'infini de l'espace et sans voisins... La France n'aurait jamais été qu'une Amérique de second ordre, mesquine, médiocre, peut-être plus semblable au Mexique ou à l'Amérique du Sud qu'aux États-Unis.

RENAN

Le système de l'élection ne peut être pris comme base unique d'un gouvernement. Appliquée au commandement militaire, en particulier, l'élection est une sorte de contradiction, la négation même du commandement puisque dans les choses militaires, le commandement est absolu ; or, l'élu ne commande jamais absolument à son électeur. Appliquée au choix de la personne du souverain l'élection encourage le charlatanisme, détruit d'avance le prestige de l'élu, l'oblige à s'humilier devant ceux qui doivent lui obéir. A plus forte raison ces objections s'appliquent-elles si le suffrage est universel. Appliqué au choix des députés, le suffrage universel n'amènera jamais, tant qu'il sera direct, que des choix médiocres. Il est impossible d'en faire sortir une chambre haute, une magistrature, ni même un bon conseil départemental ou municipal. Essentiellement borné, le suffrage universel ne comprend pas la nécessité de la science, la supériorité du noble et du savant.

RENAN

Le hasard de la naissance est moindre que le hasard du scrutin.

RENAN.

Il serait contre nature qu'une moyenne intellectuelle qui atteint à peine celle d'un homme ignorant et borné se fît représenter par un corps de gouvernement éclairé brillant et fort.

RENAN.

Le collège grand électeur formé par tout le monde est inférieur au plus médiocre souverain d'autrefois, la cour de Versailles valait mieux pour les choix des fonctionnaires que le suffrage universel d'aujourd'hui ; ce suffrage produira un gouvernement inférieur à celui du XVIIIe siècle à ses plus mauvais jours.

RENAN.

La démocratie est le plus fort dissolvant de l'organisation militaire.

RENAN.

Un pays qui n'a d'autre organe que le suffrage universel direct est dans son ensemble, quelle que soit la valeur des hommes qu'il possède, un être ignorant, sot, inhabile à trancher sagement une question quelconque.

RENAN.

L'égoïsme, source du socialisme, la jalousie, source de la démocratie, ne feront jamais qu'une société faible, incapable de résister à de puissants voisins... La victoire de l'Allemagne a été la victoire de l'homme discipliné sur celui qui ne l'est pas, de l'homme respectueux, soigneux, attentif, méthodique sur celui qui ne l'est pas ; ça a été la victoire de la science et de la raison ; mais ça a été aussi la victoire de l'ancien régime, du principe qui nie la souveraineté du peuple.

Renan

La démocratie ne discipline ni ne moralise. On ne se discipline pas soi-même ; des enfants mis ensemble sans maître ne s'élèvent pas ; ils jouent et perdent leur temps. De là même ne peut émerger assez de raison pour gouverner et réformer un peuple.

Renan

Le suffrage universel est comme un tas de sable, sans cohésion ni rapport fixe entre les atomes. On ne construit pas une maison avec cela. La conscience d'une nation réside dans la partie éclairée de la nation, laquelle entraîne et commande le reste. La civilisation à l'origine a été une œuvre aristocratique, l'œuvre d'un tout petit nombre (nobles et prêtres), qui l'ont imposée par ce que les démocrates appellent force et imposture, la conservation de la civilisation est une œuvre aristocratique aussi. Patrie, honneur, devoir, sont choses créées et maintenues par un tout petit nombre au sein d'une foule qui, abandonnée à elle-même, les laisse tomber. Que fût devenue Athènes, si on eut donné le suffrage à ses deux cent mille esclaves et noyé sous le nombre la petite aristocratie d'hommes libres qui l'avaient faite ce qu'elle était. La France de même avait été créée par le roi, la noblesse, le clergé, le tiers état. Le peuple proprement dit et les paysans, aujourd'hui maîtres absolus de la maison, y sont en réalité des intrus, des frelons impatronisés dans une ruche qu'ils n'ont pas construite. L'âme d'une nation ne se conserve pas sans un collège officiellement chargé de la garder. Une dynastie est la meilleure institution pour cela, car, en associant les chances d'une nation à celles d'une famille, une telle institution créé les conditions les plus favorables à une bonne continuité. Un Sénat comme celui de Rome et de Venise remplit très bien le même office..... Mais ce qui ne s'est jamais vu, c'est le rêve de nos démocrates, une maison de sable, une nation sans institutions traditionnelles.....

RENAN

Une assemblée n'est jamais un grand homme. Une assemblée a les défauts qui chez un souverain sont les plus rédhibitoires : bornée, passionnée, emportée, décidant vite, sans responsabilité, sous le coup de l'idée du moment. Espérer qu'une telle assemblée... pourra prendre et soutenir le brillant héritage de la royauté, de la noblesse française, est une chimère.

RENAN

Pas de royauté sans noblesse ; ces deux choses reposent au fond sur le même principe.....

La base de la vie provinciale devrait être un honnête gentilhomme de village, bien loyal, et un bon curé de campagne tout entier dévoué à l'éducation morale du peuple.....

Un peuple sans nobles est au moment du danger un troupeau de pauvres affolés, vaincu d'avance par un ennemi organisé. Qu'est-ce que la noblesse, en effet, si ce n'est la fonction militaire considérée comme héréditaire et mise au premier rang des fonctions sociales ?.....

La nomination des pouvoirs sociaux au suffrage universel est la machine politique la plus grossière qui ait jamais été employée.....

Jamais gouvernement régulier, quel qu'il soit, ne vivra sans deux chambres.

Renan

Sans doute c'est un grand mal qu'une aristocratie favorite lorsqu'elle est oisive, et que, sans rendre les services que comporte son rang, elle accapare les honneurs, les charges, l'avancement, les préférences, les pensions, au détriment d'autres non moins capables, aussi besogneux et plus méritants. Mais c'est un grand bien qu'une aristocratie soumise au droit commun lorsqu'elle est occupée, surtout lorsqu'on l'emploie conformément à ses aptitudes et notamment pour fournir une chambre haute élective ou une Pairie héréditaire.

En tous cas, on ne peut la supprimer sans retour, car, supprimée par la loi, elle se reconstitue par le fait, et le législateur ne peut jamais que choisir entre deux systèmes, celui qui la laisse en friche ou celui qui lui fait porter des récoltes, celui qui l'écarte du service public ou celui qui la rallie au service public. Dans toute société qui a vécu, il y a toujours un noyau de familles dont la fortune et la considération sont anciennes; même lorsque ce groupe semble fermé comme en France avant 1789, chaque demi-siècle y introduit des familles nouvelles, parlementaires, intendants, financiers élevés au sommet de l'échelle sociale par la richesse qu'ils ont acquise ou par les hauts emplois qu'ils ont exercés; et c'est dans le milieu ainsi formé que pousse le plus naturellement l'homme d'Etat, le bon conseiller du peuple, le politique indépendant et compétent.

TAINE

L'Angleterre est arrivée à l'état le plus libéral que le monde ait connu jusqu'ici en développant ses institutions du moyen âge, et nullement par la révolution. La liberté en Angleterre ne vient pas de Cromwell, ni des républicains de 1649; elle vient de son histoire entière, de son égal respect pour le droit du roi, pour le droit des seigneurs, pour le droit des communes et des corporations de toute espèce. La France suivit la marche opposée.

RENAN

La souveraineté du peuple ne fonde pas le gouvernement constitutionnel. L'Etat, ainsi établi,... loin de garantir toutes les libertés, absorbe toutes les libertés; sa forme est la Convention ou le despotisme.

Renan

La société est une hiérarchie. Tous les individus sont nobles et sacrés, tous les êtres (même les animaux) ont des droits; mais tous les êtres ne sont pas égaux, tous sont des membres d'un vaste corps, des parties d'un immense organisme qui accomplit un travail divin.

Renan

Un pays démocratique ne peut être bien gouverné, bien administré, bien commandé.

Renan

« En Egypte, dit Clément d'Alexandrie, les sanctuaires des temples sont ombragés par des voiles tissus d'or; mais si vous allez voir le fond de l'édifice et que vous cherchiez la statue, un prêtre s'avance d'un air grave, en chantant un hymne en langue égyptienne, et soulève un peu le voile, comme pour vous montrer le dieu. Que voyez-vous alors ? Un crocodile, un serpent indigène, ou quelque autre animal dangereux ; le dieu des Egyptiens paraît : c'est une bête vautrée sur un tapis de pourpre. »

Il n'est pas besoin d'aller en Egypte et de remonter si haut en histoire pour rencontrer le culte du crocodile: on l'a vu en France à la fin du siècle dernier...

Il faut encore comprendre la théologie qui fonda le culte. Il y en a une qui explique celui-ci, très spécieuse comme la plupart des théologies, composée des dogmes qu'on appelle les principes de 1789 ; en effet, ils ont été proclamés à cette date ; auparavant ils avaient été déjà formulés par Jean-Jacques Rousseau : souveraineté du peuple, droits de l'homme, contrat social, on les connaît. Une fois adoptés, ils ont, d'eux-mêmes, déroulé leurs conséquences pratiques ; au bout de trois ans, ils ont amené le crocodile dans le sanctuaire et l'ont installé derrière le voile d'or, sur le tapis de pourpre...

On peut évaluer à peu près ce que les crocodiles sacrés ont mangé en dix ans, dire leur menu ordinaire, leurs morceaux préférés. Naturellement, le dieu choisissait les victimes grasses ; mais sa voracité était si grande, que par surcroît, à l'aveugle, il engloutissait aussi les maigres, et en plus grand nombre que les grasses; d'ailleurs, en vertu de ses instincts et par un effet immanquable de la situation, une ou deux fois chaque année, il mangeait ses pareils, à moins qu'il ne fût mangé par eux. — Voilà certes un culte instructif, au moins pour les historiens, pour les purs savants; s'il a conservé des fidèles, je ne songe point à les convertir.....

Taine

Par delà le roi inerte et désarmé, par delà l'Assemblée désobéie ou désobéissante, on aperçoit le monarque véritable, le peuple, c'est à dire *l'attroupement*, cent, mille, dix mille individus rassemblés au hasard, sur une motion, sur une alarme, et tout de suite, irrésistiblement, législateurs, juges et bourreaux. Puissance formidable, destructive et vague.

Taine

Si mauvais que soit un gouvernement, il y a quelque chose de pire, c'est la suppression du gouvernement. Car c'est grâce à lui que les volontés humaines, font un concert, au lieu d'un pêle-mêle.

Taine

Du paysan, de l'ouvrier, du bourgeois, pacifiés et apprivoisés par une civilisation ancienne, on voit tout d'un coup sortir le barbare, bien pis, l'animal primitif, le singe grimaçant, sanguinaire et lubrique, qui tue en ricanant, et gambade sur les dégâts qu'il fait. Tel est le gouvernement effectif auquel la France est livrée, et après dix-huit mois d'expérience, le plus compétent, le plus judicieux, le plus profond observateur de la Révolution ne trouvera rien à lui comparer que l'invasion de l'empire romain au quatrième siècle[1]. Les Huns, les Hérules, les Vandales et les Goths ne viendront ni du Nord, ni de la mer Noire : ils sont au milieu de nous.

Taine

Telle est la vie publique en France à partir du 14 Juillet, dans chaque ville les magistrats se sentent à la merci d'une bande de sauvages, parfois d'une bande de cannibales. Ceux de Troyes viennent de torturer Huez à la manière des Hurons[2]; ceux de Caen ont fait pis; le major de Beisunce, non moins innocent et garanti par la foi jurée, a été dépecé comme Lapérouse aux îles Fidji, et une femme a mangé son cœur.

Taine

---

(1) Mallet du Pan.

(2) Une femme lui foule la figure avec ses pieds et lui enfonce ses ciseaux dans les yeux. A Vannes l'homme d'affaires fut mis à trois reprises sur le feu; en Normandie on mit un gentilhomme paralytique sur un bûcher. M. de Herres fut coupé en morceaux devant sa femme prête d'accoucher. A Toulon à force de massacres la population tombe de 28.000 habitants à 6 ou 7 mille. Le 14 Juillet à Paris on promène un cœur humain dans un bouquet d'œillets blancs.

Lorsque le protecteur du peuple, trouvant en lui une soumission parfaite à ses volontés, trempe ses mains dans le sang de ses concitoyens ; quand, sur des accusations calomnieuses et qui ne sont que trop ordinaires, il traine ses adversaires devant les tribunaux, et les fait expirer dans les supplices, que lui-même abreuve sa langue et sa bouche impie du sang de ses proches et de ses amis, qu'il décime l'Etat par le fer ou par l'exil, qu'il propose l'abolition des dettes, un nouveau partage des terres ; n'est-ce pas pour lui une nécessité de périr de la main de ses ennemis, ou de devenir le tyran de l'Etat.

PLATON.

On aurait bien tort de croire que l'ancien régime fut un temps de servilité et de dépendance. Il y régnait beaucoup plus de liberté que de nos jours...

TOCQUEVILLE.

Il est curieux de voir dans quelle sécurité étrange vivaient tous ceux qui occupaient les étages supérieurs et moyens de l'édifice social au moment même où la Révolution commençait, et de les entendre discourant ingénieusement entre eux sur les vertus du peuple, sur sa douceur, son dévouement, ses innocents plaisirs, quand déjà 93 est sous leurs pieds : spectacle ridicule et terrible !....

On s'est étonné souvent en voyant l'étrange aveuglement avec lequel les hautes classes de l'ancien régime ont aidé elles-mêmes à leur ruine; mais où auraient-elles pris leurs lumières? Les institutions libres ne sont pas moins nécessaires aux principaux citoyens pour leur apprendre leurs périls, qu'aux moindres, pour assurer leurs droits.

Lorsqu'on commença à s'intéresser au sort du peuple, on se mit à parler devant lui de lui-même comme s'il n'avait pas été là... Des deux côtés on travaille à introduire dans son esprit l'idée que c'est aux supérieurs qu'il doit toujours s'en prendre de ses maux.....

A mesure qu'on approche de 1789, cette sympathie pour les misères du peuple devient plus vive et plus imprudente... l'enthousiasme des classes éclairées acheva d'allumer et d'armer les colères et les convoitises du peuple.

Tocqueville

L'Europe est surchargée, opprimée, écrasée par une bande inconcevable de *philosophâtres* sans morale, sans religion et même sans raison, déchaînés contre toute espèce de subordination et ne demandant qu'à renverser toute espèce de puissance *pour se mettre à sa place;* car dans le fond il ne s'agit que de cela. C'est malheureusement la souveraineté aveuglée qui a enfanté ces Messieurs.

J. de Maistre

---

(1) De la part du gouvernement et de la noblesse.

La Constitution (de 1789-1793) œuvre malsaine de la théorie et de la peur, n'a fait que transformer l'anarchie spontanée en anarchie légale.

TAINE

※

Dans les révolutions, l'autorité reste aux plus scélérats.

DANTON

※

Seul, ou presque seul, je ne me laisse pas corrompre.

ROBESPIERRE

※

Toute la Révolution française a été menée par la corruption.

GŒTHE

※

Rien de plus dangereux qu'une idée générale dans des cerveaux étroits et vides ; comme ils sont vides, elle n'y rencontre aucun savoir qui lui fasse obstacle ; comme ils sont étroits, elle ne tarde pas à les occuper tout entiers.

TAINE

※

Contrainte exercée sur le travail, les échanges et la propriété, sur la famille et l'éducation, sur la religion, les mœurs et les sentiments, sacrifice des particuliers à la communauté, omnipotence de l'Etat, telle est la conception jacobine. Il n'en est point de plus rétrograde; car elle entreprend de ramener l'homme moderne dans une forme sociale que, depuis dix-huit siècles, il a traversée et dépassée....... dans toutes les civilisations de première pousse le principe des sociétés humaines est encore celui des sociétés anormales: l'individu appartient à sa communauté, comme l'abeille à sa ruche, comme la fourmi à sa fourmillière; il n'est qu'un organe dans un organisme. Sous diverses formes et avec des applications diverses, c'est le socialisme autoritaire qui prévaut.

Tout au rebours dans la société moderne.....

C'est à l'homme moderne qui n'est ni un Chinois, ni un ancien, ni un musulman, ni un barbare, ni un sauvage, à l'homme formé par l'éducation chrétienne et réfugié dans sa conscience comme en un sanctuaire, à l'homme formé par l'éducation féodale et retranché dans son honneur comme dans un château fort, que le nouveau contrat social commande de livrer son sanctuaire et son château fort. Et, dans cette démocratie fondée sur la prépondérance du nombre, à qui exige-t-on que je les livre? — En théorie, à la communauté, c'est à dire à une foule où l'impulsion anonyme se substitue au jugement individuel, où l'action devient impersonnelle parce qu'elle est collective, où nul ne se sent responsable... où tous les attentats sont justifiés d'avance par la raison d'Etat; en pratique, à la pluralité des voix comptées par têtes, à une majorité qui, surexcitée par la lutte, abuse de sa victoire pour violenter la minorité dont je puis être...... plus précisément encore, à six ou sept cents députés parmi lesquels il n'en est qu'un que je sois appelé à choisir. Pour élire ce mandataire unique, je n'ai qu'un vote entre dix mille, et je ne contribue à le nommer que pour un dix-millième ; je ne contribue pas même pour un dix-millième à nommer les autres. — Et ce sont ces six ou sept cents étrangers que je charge de vouloir à ma place, avec mes pleins pouvoirs ; notez ce mot, avec *des pouvoirs illimités* non seulement sur mes biens et ma vie, mais encore sur mon for intime ;..... les trois quart du temps je n'ai point vu (mon candidat), sauf à la volée ; à peine si je sais de lui la couleur de son habit, le timbre de sa voix, sa façon de poser la main sur le cœur. Je ne le connais que par sa profession de foi, emphatique et vague, par des déclamations de journal, par des bruits de salon, de café ou de rue. Ses titres à ma confiance sont des moins authentiques et des plus légers ; rien ne m'atteste son honorabilité ni sa compétence... sur des certificats aussi nuls que les siens, j'hésiterais à prendre un domestique. D'autant plus que la classe où presque toujours je suis obligé de le prendre est celle des politiciens, classe suspecte, surtout en pays de suffrage universel ; car elle ne s'y recrute pas parmi les hommes les plus indépendants, les plus capables et les plus honnêtes, mais parmi les intrigants bavards et les charlatans.

Taine

Le règne des ténèbres commença..... Il vint un temps où le plus sauvage des tribunaux jugea d'après le plus sauvage des codes ; où personne ne pouvait saluer son voisin, faire sa prière, se coiffer sans être soupçonné de haute trahison, quand à chaque pas on était guetté par un espion ; quand la guillotine travaillait sans relâche du matin à la nuit... Et le sang coulait dans la Seine par ruisseaux ; quand être la petite fille d'un capitaine des Gardes Royales ou cousin d'un Docteur de la Sorbonne rire d'un Jacobin parce qu'il avait pris le nom de Cassius était déjà une sentence de mort. Et quand on menait journellement à l'échafaud des fournées de condamnés, les proconsuls, envoyés par le Comité de Salut Public dans les provinces, se plongeaient dans des orgies d'atrocités telles, qu'on n'en voyait pas dans la Capitale. Leur œuvre exterminatrice était si grande, que la guillotine ne suffisait pas, elle était trop lente ; on devait mitrailler les prisonniers ; on devait faire sombrer des vaisseaux chargés d'hommes. Lyon fut changé en désert. A Arras on refusait aux condamnés même la grâce terrible d'une prompte mort. Toute la Loire depuis Saumur jusqu'à la mer portait des milliers de cadavres, avec des bandes de corbeaux et d'éperviers dessus : on ne connaissait de pitié ni pour l'âge, ni pour le sexe. On compte par centaine les jeunes garçons et les jeunes filles de dix-sept ans qui ont été massacrés par ce gouvernement atroce et le long des rangs des Jacobins on se passait des enfants sur des piques.

Un des défenseurs de la Révolution avait les poches pleines d'oreilles humaines, un autre avait orné son chapeau avec le doigt d'un petit enfant. Quelques mois suffirent pour abaisser la France au niveau de la Nouvelle Zélande et même plus bas encore.

Il est une opinion assez répandue que les hommes de la Terreur étaient méchants mais qu'ils étaient grands.

Nous ne voyons rien de grand en eux excepté, si ce n'est leur infamie; car c'est une erreur de croire que leur politique était nouvelle; leur politique est aussi vieille que les plus vieilles traditions des mauvais gouvernements.

Elle paraissait nouvelle en France et au XVIIIe siècle par cela seulement qu'elle avait été délaissée depuis longtemps et pour d'excellentes raisons par la partie éclairée de la population. Guillotiner des gens par centaines sans se préoccuper si ils sont fautifs ou non, dépouiller les gens avec l'aide de geôliers et de bourreaux, voler les créanciers de l'Etat et les guillotiner quand ils désirent qu'on les rembourse... dévaliser les boutiques des boulangers...... C'est vraiment la façon la plus simple de gouverner: Nous ne parlons pas de l'équité d'un pareil gouvernement; mais en tous cas il ne prouve pas plus d'intelligence que ne l'ont les sauvages et les enfants.

Lord Macaulay

A Lyon en six mois, la République dépense quatre millions pour détruire trois ou quatre cents millions de valeurs¹. - Depuis les Mongols du cinquième et du treizième siècle, on n'avait pas vu des abatis si énormes et si déraisonnables, une telle fureur contre les œuvres les plus utiles de l'industrie et de la civilisation humaine.

Taine

---

(1) Immobilières.

La Révolution a contre elle, non seulement les partisans de l'ancien régime, prêtres, nobles, parlementaires, royalistes et catholiques, — mais encore tout homme imbu de la civilisation européenne.

Taine

❦

La Révolution est un brigandage, mais philosophique ; le vol et l'assassinat sont inclus dans ses dogmes.

Taine

❦

Tel est le décor de la Révolution : un masque spécieux, et tel est le dessous de la Révolution : une face hideuse ; sous le règne nominal d'une théorie humanitaire, elle couvre la dictature effective des passions méchantes et basses.

Taine

❦

Quand on regarde de près le personnel définitif et final de l'administration révolutionnaire, on n'y trouve guère que les notables de l'improbité, de l'inconduite, ou du vice, ou tout au moins de l'ignorance, de la bêtise et de la grossièreté..... Il évoque l'image presque oubliée de ses prédécesseurs ; car il en a eu, au XIVe, au XVIe, au XVIIe siècle. En ce temps là aussi, la société était parfois conquise et saccagée par ses barbares ; les nomades dangereux, les déclassés malfaisants, les bandits devenus soldats s'abattirent tout d'un coup sur une population industrieuse et paisible... Mais ils étaient de francs bandits ; ils s'appelaient eux-mêmes écorcheurs, reitres, aventurieux ; ils ne se donnaient pas pour des philosophes humanitaires..... aux ravages de leurs convoitises privées, ceux-ci ajoutent un dégât plus vaste la dévastation systématique et gratuite que leur commande la théorie anti-sociale dont ils sont imbus.

Taine

Après avoir mis la main sur les 3/5 des biens fonciers de France, après avoir arraché aux communautés et aux particuliers 10 à 12 milliards de valeurs mobilières ou immobilières, après avoir porté la dette publique, qui n'était pas de 4 milliards en 1789, à plus de 50 milliards, le gouvernement révolutionnaire..... aboutit à la banqueroute, il répudie les 2/3 de sa dette et son crédit est si bas que ce dernier tiers consolidé, garanti à nouveau par lui, perd, le lendemain 88 0/0 : entre ses mains l'Etat a souffert autant que les particuliers.

Taine

Dans le socialisme égalitaire, qui est le régime établi de la Révolution — le travailleur le plus humble, le moins lettré et le plus malaisé est traité en coupable, en ennemi, par cela seul qu'on lui soupçonne quelques ressources, il aura beau montrer ses mains gercées ou calleuses, il n'échappera ni à la spoliation, ni à la prison, ni à la guillotine... Dans les villages d'Alsace, ordre d'arrêter les cinq ou six plus riches de la commune, même s'il n'y a pas de riches ; en conséquence, on empoigne les moins pauvres — par exemple à Heiligenberg, six laboureurs, dont " un journalier, comme suspect " dit le registre d'écrou, " parce qu'il est dans l'aisance ". — A ce compte, nui part il n'y a tant de suspects que dans le peuple; la boutique, la ferme et l'atelier recèlent plus d'aristocrates que le presbytère et le château. Effectivement, selon les Jacobins, " les cultivateurs sont presque tous aristocrates ", " tous les marchands sont essentiellement contre-révolutionnaire "...

C'est pourquoi, sur la liste des guillotinés, de détenus et d'émigrés, les hommes et les femmes de condition inférieure sont en nombre immense, en plus grand nombre que leurs compagnons de la classe supérieure et de la classe moyenne mises ensemble.

Taine

Deux avantages qui s'attirent l'un l'autre, la fortune et l'éducation, rangent un homme dans la classe supérieure ; c'est pourquoi, tantôt l'un ou l'autre, tantôt les deux ensemble, désignent un homme pour la spoliation, la prison et la mort... Robespierre, avec un art atroce, déchirait, calomniait, abreuvait de dégoûts et d'amertumes tous ceux qui s'étaient livrés à de grandes études... il sentait que jamais les hommes instruits ne fléchiraient le genou devant lui... A Nantes, Carrier dans son dénombrement des malintentionnés, il ajoute " aux négociants et aux riches ", " *les gens d'esprit* "... la politesse, comme les autres marques de bonne éducation, est devenue un stigmate.....

Taine

Le fondateur et l'organisateur de la chimie, le grand inventeur Lavoisier, condamné à mort, demande un sursis de quinze jours pour achever une expérience, et le président du tribunal Coffinhal, un Auvergnat, lui répond : « La République n'a pas besoin de savants. » Elle n'a pas besoin non plus de poètes, et le premier poète de l'époque, l'artiste délicat et supérieur, qui a rouvert les sources antiques, qui ouvre les sources modernes, André Chénier, est guillotiné ; nous avons en original le procès verbal manuscrit de son interrogatoire, véritable chef d'œuvre de baragouinage et de barbarie, il faudrait le transcrire en entier avec ses turpitudes de sens et d'orthographe. Lisez-le, si vous voulez voir un homme de génie livré aux bêtes, à des bêtes grossières, colériques et despotiques, qui n'entendent pas même les mots usuels, qui trébuchent dans leurs quiproquos et qui, pour singer l'intelligence, pataugent dans l'ânerie, — Le renversement est complet : soumise au gouvernement révolutionnaire, la France ressemble à une créature humaine que l'on forcerait à marcher sur sa tête et à penser avec ses pieds.

Taine.

Voici donc, d'un côté, hors du droit commun, en exil, en prison, sous les piques, sur l'échafaud, l'élite de la France,..... et voilà, de l'autre côté, au-dessus du droit commun, dans les dignités et dans l'omnipotence, — un ramassis de déclassés de toutes les classes, les parvenus de l'infatuation, du charlatanisme, de la brutalité et du crime.....

Dans la tour du Temple, le petit Dauphin vit encore ; nul en France n'est si digne de pitié et de respect ; car s'il y a une France, c'est grâce aux trente-cinq chefs militaires ou rois couronnés, dont il est le dernier rejeton direct. Sans leurs dix siècles de politique persévérante et de commandement héréditaire, les conventionnels, qui viennent de profaner leurs tombes à Saint-Denis et de jeter leurs os dans la fosse commune, ne seraient pas des français.

Taine

Le jour où la France coupa la tête à son roi, elle commit un suicide.....

La France avait été faite par la dynastie capétienne...

Elle est le résultat de la politique capétienne continuée avec une admirable suite. Pourquoi le Languedoc est-il réuni à la France du nord, union que ni la langue, ni la race, ni l'histoire, ni le caractère des populations n'appelaient ? Parce que les rois de Paris, pendant tout le XIIIe siècle, exercèrent sur ces contrées une action persistante et victorieuse. Pourquoi Lyon fait-il partie de la France ? Parce que Philippe le Bel, au moyen des subtilités de ses légistes, réussit à le prendre dans les mailles de son filet. Pourquoi les Dauphinois sont-ils nos compatriotes ? Parce que le dauphin Humbert étant tombé dans une sorte de folie, le roi de France se trouva là pour acheter ses terres à beaux deniers comptants... pourquoi la Franche-Comté, l'Alsace, la Lorraine se sont-elles réunies à la Carolingie, malgré la ligne méridienne tracée par le traité de Verdun ? Parce que la maison de Bourbon retrouva pour agrandir le domaine royal, le secret qu'avaient si admirablement pratiqué les premiers Capétiens. Pourquoi enfin Paris, ville si peu centrale, est-elle la capitale de la France ? Parce que Paris a été la ville des Capétiens. Naïveté sans égale ! Cette ville, qui réclame sur le reste de la France un privilège aristocratique de supériorité et qui doit ce privilège à la royauté, est en même temps le centre de l'utopie républicaine. Comment Paris ne voit-il pas qu'il n'est ce qu'il est que par la royauté ?..... Voilà ce que ne comprirent pas les hommes ignorants et bornés qui prirent en main les destinées de la France à la fin du dernier siècle.

Renan

※

La jalousie résume toute la théorie morale de ces prétendus fondateurs de nos lois[1]. Or la jalousie fonde l'égalité, non la liberté ?...

La première conséquence de cette philosophie revêche et superficielle, trop tôt substituée à celle des Montesquieu et des Turgot, fut la supression de la royauté... Bien peu de personnes comprenaient, en 1792 que la continuité des bonnes choses doit être gardée par des institutions... On niait toutes les surbordinations traditionnelles, tous les symboles. La royauté était le premier de ces pactes, un pacte remontant à mille ans... une conscience nationale n'est fixe et ferme que quand elle a contracté un mariage indissoluble avec une famille... Jamais cette identification ne fut aussi parfaite qu'entre la Maison Capétienne et la France. Ce fut plus qu'une royauté, ce fut un sacerdoce... son type le plus

---

(1) Les législateurs de la Révolution.

parfait est un roi canonisé, Saint Louis, si pur, si humble, si simple et si fort. Il a ses adorateurs mystiques; la bonne Jeanne d'Arc ne le sépare pas de Saint Michel et de Ste Catherine... Le meurtre du 21 Janvier[1], est au point de vue de l'idéaliste, l'acte de matérialisme le plus hideux, la plus honteuse profession qu'on ait jamais faite d'ingratitude et de bassesse, de roturière vilenie et d'oubli du passé.

RENAN

La surprise la plus inconcevable de l'histoire[2] réussit; une bande d'étourdis, contre lesquels aurait dû suffire le bâton du constable, renversa une dynastie sur laquelle la partie sensée de la nation avait fait reposer toute sa foi politique, toutes ses espérances. Pour emporter une théorie conçue par les meilleurs esprits, d'après les plus séduisantes apparences, une heure d'irréflexion chez les uns, de défaillance chez les autres suffit.....

La légèreté des hommes de 1848 fut vraiment sans pareille. Ils donnèrent à la France, qui ne le demandait pas le suffrage universel... Je voyais assidûment à cette époque M. Cousin. Dans les longues promenades que ce profond connaisseur de toutes les gloires françaises me faisait faire dans les rues de Paris..., il me disait souvent ce mot: « Mon ami, on ne comprend pas encore quel crime a été la révolution de février; le dernier terme de cette révolution sera peut-être le démembrement de la France. »…..

---

(1) La mort de Louis XVI.
(2) La Révolution de 1848.

Deux mouvements commencèrent (en 1848) qui devaient être la fin non seulement de tout esprit guerrier, mais de tout patriotisme : je veux parler de l'éveil extraordinaire des appétits matériels chez les ouvriers et chez les paysans. Il est clair que le socialisme des ouvriers est l'antipode de l'esprit militaire ; c'est presque la négation de la patrie ; les doctrines de l'Internationale sont là pour le prouver.

Renan

L'horrible épisode de la Commune est venue montrer une plaie sous la plaie, un abîme au-dessous de l'abîme. Le 18 Mars 1871, est, depuis mille ans, le jour où la conscience française a été le plus bas.

Renan

A l'étranger, (le régime importé par la Révolution) : c'est toujours le même contraste entre le nom et la chose, les mêmes phrases pour recouvrir les mêmes méfaits, et sous des proclamations de liberté, l'institution du brigandage. »

C'est le droit du plus fort ; les Jacobins n'en connaissent point d'autre..... Etant d'une secte, ils subordonnent la France à leurs dogmes.

..... Enfin les derniers voiles tombent et le vrai caractère de la secte se montre à nu. « Défense de la patrie, délivrance des peuples », tous ces grands mots rentrent dans la région des mots. Elle se dénonce pour ce qu'elle est, pour une société de pirates en course..... Ayant mangé la France, la bande entreprend de manger l'Europe.

Taine

Il s'agit moins de continuer la Révolution que de la critiquer et de réparer ses erreurs.[1]

Renan

❦

La démocratie fait notre faiblesse militaire et politique ; elle fait notre ignorance, notre sotte vanité.....
Corrigeons-nous de la démocratie.....

Renan

❦

Destinée à manifester une irrévocable renonciation au régime ancien, mais sans pouvoir aucunement indiquer la nature de l'état final, la partie négative de la Révolution se résuma tout entière dans une devise profondément contradictoire, *Liberté, Egalité,* qui repoussait tout organisation réelle.

Auguste Comte

❦

Pendant la phase profondément négative qui dut précéder mon essor systématique, l'enthousiasme me préserva seul d'une démoralisation sophistique...
La vénération constitue aujourd'hui le signe décisif qui caractérise les révolutionnaires susceptibles d'une véritable régénération, quelque arriérée que soit encore

---

(1) Ne partageant pas les convictions religieuses de Renan, nous ne pouvons que reconnaître toutefois la clarté et la profondeur de son jugement en matières politiques.

leur intelligence, surtout parmi les communistes illettrés.

Auguste Comte

Si l'état révolutionnaire consiste, chez les praticiens, en ce que tout le monde prétend commander, tandis que personne ne veut obéir, il prend, chez les théoriciens, une autre forme non moins désastreuse et plus universelle, où chacun prétend enseigner et personne ne veut apprendre. Le désir d'atteindre à des convictions fixés par la seule puissance de l'esprit sans aucune participation du cœur constitue une pure chimère de l'orgueil métaphysique. Si vous faisiez une lecture journalière de l'*Imitation*, vous reconnaîtriez cela, qui vous servirait mieux que les résultats, intellectuels ou moraux, d'une avide lecture des journaux, revues, ou pamphlets.

Auguste Comte

Cette incomparable sentence caractérisait toute la civilisation féodale :

Fais ce que dois, advienne que pourra, constituera toujours la première manifestation de notre tendance directe à sortir du régime égoïste pour instituer l'existence altruiste.

Le mot *loyauté* combine admirablement les deux qualités essentielles du moyen âge, le dévouement et la sincérité.

Auguste Comte

On a trop méconnu l'immortelle école qui surgit, au début du XIXᵉ siècle, sous la noble présidence de de Maistre.

Elle discrédita systématiquement le négativisme, en prouvant que ses vices, empiriquement sentis, loin d'offrir aucun caractère fortuit, résultaient nécessairement de sa nature.

Malgré les dispositions modernes, cette démonstration, que les révolutionnaires incurables pouvaient seuls récuser, influa bientôt sur l'opinion publique, en y déterminant une réaction vague contre le siècle précédent, sans que l'ancienne foi cessât de déchoir.

On reconnut dès lors le besoin continu d'une religion.....

Une nouvelle aberration, (le régime parlementaire), malgré la paix et la liberté, troubla profondément les cœurs, les esprits et les caractères, en développant l'habitude de la corruption, du sophisme et de l'intrigue.

Ses vices naturels se trouvèrent aggravés d'après l'appui qu'elle fournit à l'influence sociale des littérateurs et des avocats, qui, sous des types de plus en plus dégradés, devinrent, d'abord dans la tribune, et surtout ensuite par les journaux, les directeurs provisoires de l'opinion publique.

Afin de mieux apprécier les ravages, intellectuels et moraux, que dut exercer un tel régime pendant la génération propre à sa prépondérance, il faut ici caractériser la coalition exceptionnelle qui, dès son début, se forma spontanément pour exploiter les vicieuses ressources qu'il offrait.

Un court épisode conduisit alors tous les ambitieux sans convictions à liguer leurs prétentions politiques...

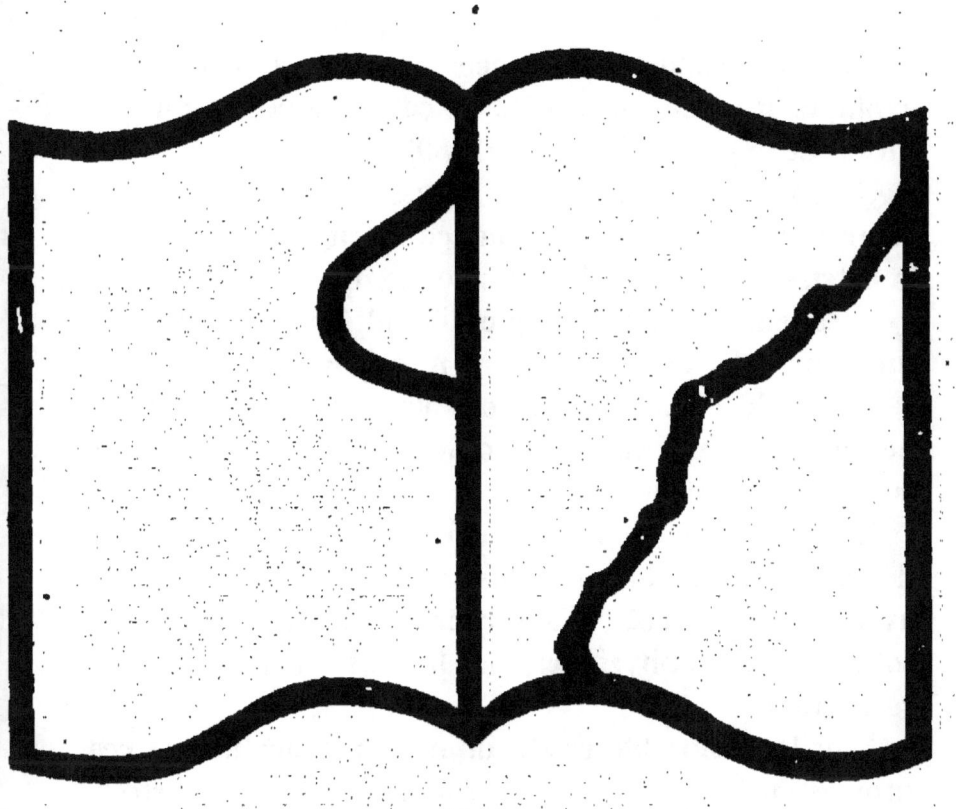

Texte détérioré — reliure défectueuse
NF Z 43-120-11

L'anarchie mentale laissant le public sans défense contre les séductions concertées et prolongées, on explique aisément le succès de cette immense conspiration de la presse française (1830).

Quoique la postérité n'y puisse distinguer qu'un chansonnier[1], sa funeste influence mérite de concentrer la flétrissure personnelle d'un tel complot.

Résolvant toujours chaque difficulté nouvelle d'après une nouvelle démolition, la métaphysique négative s'étendit de l'examen des pouvoirs politiques à l'étude des liens sociaux, par des utopies subversives envers la famille et la propriété.....

Incapables de rien concevoir au delà de leur vain déisme, les révolutionnaires incurables s'efforcèrent, avec trop de succès, d'absorber les prolétaires par des solutions métaphysiques, à la fois anarchiques et rétrogrades.

Mais le déplorable crédit dont le peuple honora ces utopies subversives doit désormais être imputé surtout à l'incurie mêlée d'incapacité qui dirigea la politique des conservateurs.

Les révolutionnaires sentant leurs doctrines désormais incapables de soutenir une vraie discussion, aspiraient de plus en plus à comprimer l'examen sous l'égalité.

AUGUSTE COMTE

L'infaillibilité personnelle, fournit, le fondement essentiel de la doctrine révolutionnaire, autant chez les prolétaires que parmi les lettrés. Les premiers n'y sont

---

(1) Béranger.

pas seulement attachés d'après leur confusion provisoire d'une égalité mensongère et dégradante avec la digne fraternité.

Le désordre des âmes populaires est pourtant susceptible d'une pleine rectification, pourvu qu'elles soient convenablement soustraites à l'ascendant des lettrés, seuls radicalement incurables. Cette scission doit habituellement devenir le principal objet de la conduite des conservateurs envers les révolutionnaires. Or, le positivisme est directement propre à déterminer une telle élimination.

Auguste Comte

La systématisation finale devra se rapprocher davantage des institutions empiriques de nos ancêtres chevaleresques que des usages anarchiques propres à leurs descendants révolutionnaires.

Le progrès est le développement de l'ordre.

Auguste Comte

Le besoin de concilier radicalement l'ordre et le progrès est senti de plus en plus depuis soixante ans. Il a fait graduellement surgir, sous le nom de conservateurs, un parti nombreux et puissant, qui s'efforce sincèrement d'écarter à la fois les révolutionnaires et les rétrogrades. C'est là que réside habituellement l'autorité politique, qui ne passe en d'autres mains qu'au moment des orages.

Auguste Comte

L'anarchie fait partout prévaloir temporairement les mauvaises natures.

Ces hommes vraiment indisciplinables exercent, malgré leur petit nombre, une vaste influence, qui dispose à la fermentation subversive tous les cerveaux dépourvus de convictions inébranlables.

Envers cette peste occidentale, il ne peut maintenant exister d'autre ressource habituelle que le mépris des populations ou la sévérité des gouvernements.

AUGUSTE COMTE

Quand on s'établit au vrai point de vue social, on reconnaît qu'il n'existe au fond, aujourd'hui comme toujours, et même plus que jamais, que deux partis : celui de l'ordre et celui du désordre ; les conservateurs et les révolutionnaires.

Notre principale mission actuelle consiste à former et diriger, en Occident, le véritable parti de l'ordre. Les agitateurs des différentes nations occidentales se concertent mieux que les pacificateurs.

Dans cette noble attitude finale, je me sens mieux sympathiser avec M. Bonaparte, ou même M. Henri V, ou tout autre de ceux qui maintiennent ou maintiendront l'ordre matériel au milieu du désordre spirituel, qu'avec mes prétendus auxiliaires Mill, Littré, Lewes, etc. ; dès ma jeunesse j'ai toujours préféré le Gouvernement à l'*Opposition*.

AUGUSTE COMTE

Il n'est pas bon que celui qui possède soit incapable de défendre ce qu'il possède...

Notre société devient trop exclusivement une association de faibles.

Renan

※

En se proclamant *ultima ratio*, le suffrage universel part de cette idée que le plus grand nombre est un indice de force, il suppose que, si la minorité ne pliait pas devant l'opinion de la majorité, elle aurait toute chance d'être vaincue. Mais ce raisonnement n'est pas exact, car la minorité peut être plus énergique et plus versée dans le maniement des armes que la majorité. « Nous sommes vingt, vous êtes un, dit le suffrage universel; cédez, ou nous vous forçons! — Vous êtes vingt, mais j'ai raison, et à moi seul je peux vous forcer; cédez; » dira l'homme armé.

Renan

※

Il ne faut pas se dissimuler, — que le dernier terme des théories démocratiques socialistes serait un complet affaiblissement. Une nation qui se livrerait à ce programme, répudiant toute idée de gloire, d'éclat social, de supériorité individuelle, réduisant tout à contenter les volontés matérialistes des foules... deviendrait tout à fait ouverte à la conquête, et son existence courrait les plus grands dangers. Comment prévenir ces tristes éventualités?... Par le programme réactionnaire? En comprimant, éteignant, serrant, gouvernant de plus en plus ? Non, mille fois non ; cette politique a été l'origine de tout le mal ;... le programme libéral est en même temps le programme vraiment conservateur.

Renan

Les âmes d'élite aspirent secrètement à se dégager d'un état qui les dégrade et les paralyse, pour se vouer, mieux qu'en aucun autre temps, à la régénération universelle.

Mais elles ne peuvent se purifier et s'élever que d'après la foi qui vient régler le présent au nom de l'avenir déduit du passé.

Auguste Comte

www.ingramcontent.com/pod-product-compliance
Lightning Source LLC
LaVergne TN
LVHW050618090426
835512LV00008B/1547